6

Vm. 276

MÉTHODE POLYPHONIQUE

POUR LA **TROMPETTE** A 3 PISTONS en MI ♭ et

LE PETIE **BUGLE** ou SAXHORNS Soprano MI ♭.

ÉTENDUE ET DOIGTÉ DE LA TROMPETTE en MI ♭.

Observations. Le doigté varie suivant les instruments; ainsi sur quelques trompettes, les notes sont souvent trop basses, il faut les faire avec ce doigté il en est de même pour les notes suivantes qué l'on fera, si elles ne sont pas justes avec les pistons $\frac{2}{3}$ et 3.

Il faut *tirer* la pompe du 3e piston de manière a avoir le *La* juste avec le 3e piston seulement, et on prendra l'habitude de faire toujours cette note avec ce 3e piston, elle est plus belle, plus pleine, et plus juste.

Le professeur s'assurera du meilleur doigté a prendre et l'inquera aux élèves, il s'assurera également si le ré d'en haut sort mieux et plus juste a *vide* (sans piston) qu'avec le 1er piston.

ÉTENDUE ET DOIGTÉ DU PETIT BUGLE MI ♭ ou PETIT SAXHORNS SOPRANO MI ♭.

Paris. Pointel Grav. Imp. 35 R. Montorgueil.

LEÇONS PARTICULIÈRES pour les Trompettes.

Il faut répéter plusieurs fois chaque reprise.

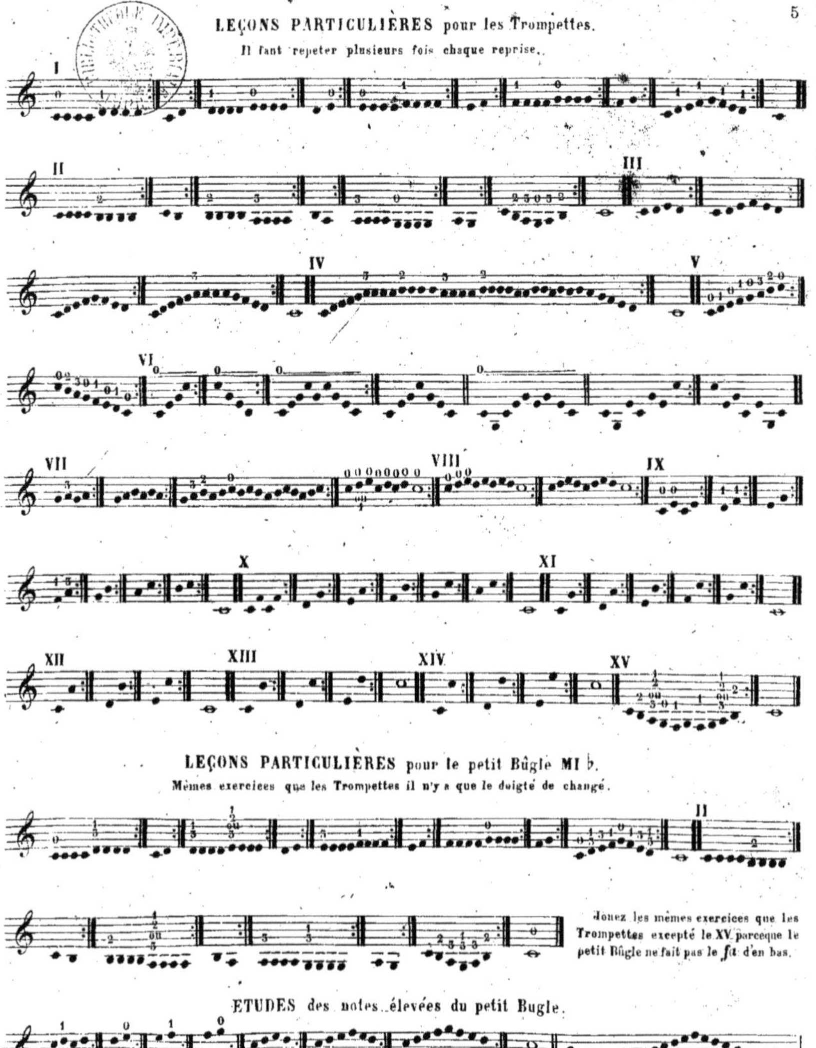

LEÇONS PARTICULIÈRES pour le petit Bugle MI ♭.

Mêmes exercices que les Trompettes il n'y a que le doigté de changé.

ÉTUDES des notes élevées du petit Bugle.

C. D. 81.

(Nota Bene) Dans le cours de cette Méthode, les notes supérieures seront jouées par le PETIT BUGLE, les notes inférieures par la TROMPETTE. Cependant un élève Trompette ayant de *bonnes lèvres* devra jouer quelques fois les notes supérieures.

Les 21 premières leçons doivent être étudiées avec soin, autant pour obtenir la bonté et la justesse des sons que pour former les lèvres et les rendre fortes.

Les petites notes supérieures seront jouées par le petit Bugle. Les passages marqués *ad libitum* seront joués en haut ou en bas par la Trompette.

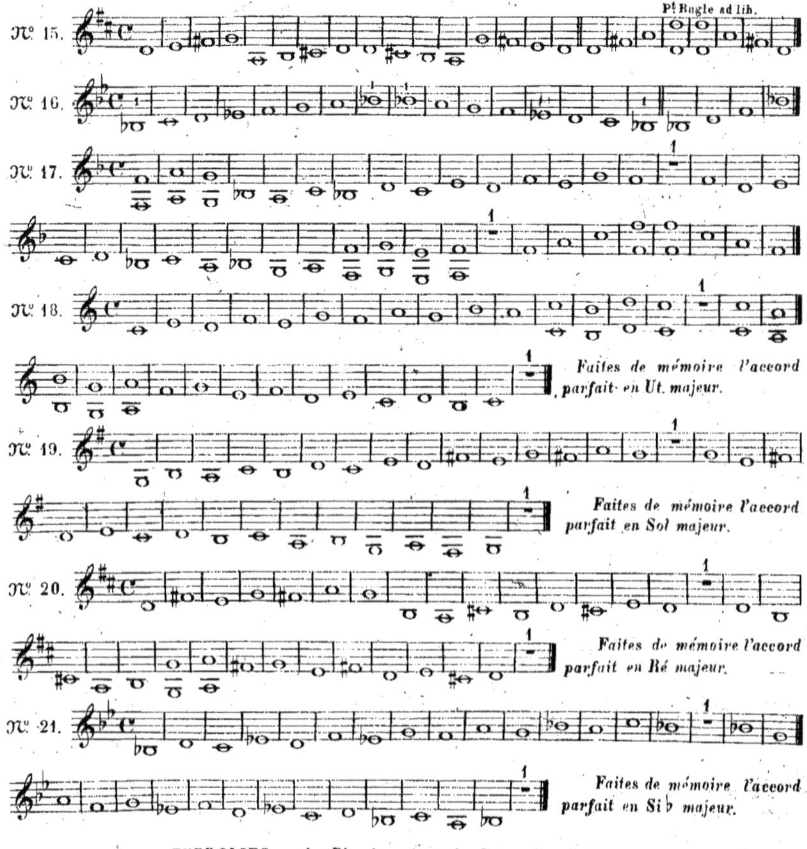

EXERCICES sur les Blanches et sur les Intervalles de Tierces.

en haut ou en bas ad lib.

J'engage MM. les professeurs a faire reprendre toutes ces leçons pour les faire jouer a deux temps. C. D. 81.

Sur la Mesure à 2 Temps (2/4)
Nᵒ 38.
Faites la Gamme de Sol majeur. (Voyez page
1ª 2ª
1ª 2ª
1ª 2ª
1ª 2ª
Nᵒ 39.
1ª 2ª
1ª 2ª
1ª 2ª
Nᵒ 40.
1ª 2ª
Nᵒ 41.
Canon à 3 Parties.
A
Nᵒ 42.
B
C
Nᵒ 43.
Mesure à 3 Temps (3/4) Faites la Gamme en Ut.
G.D.81.

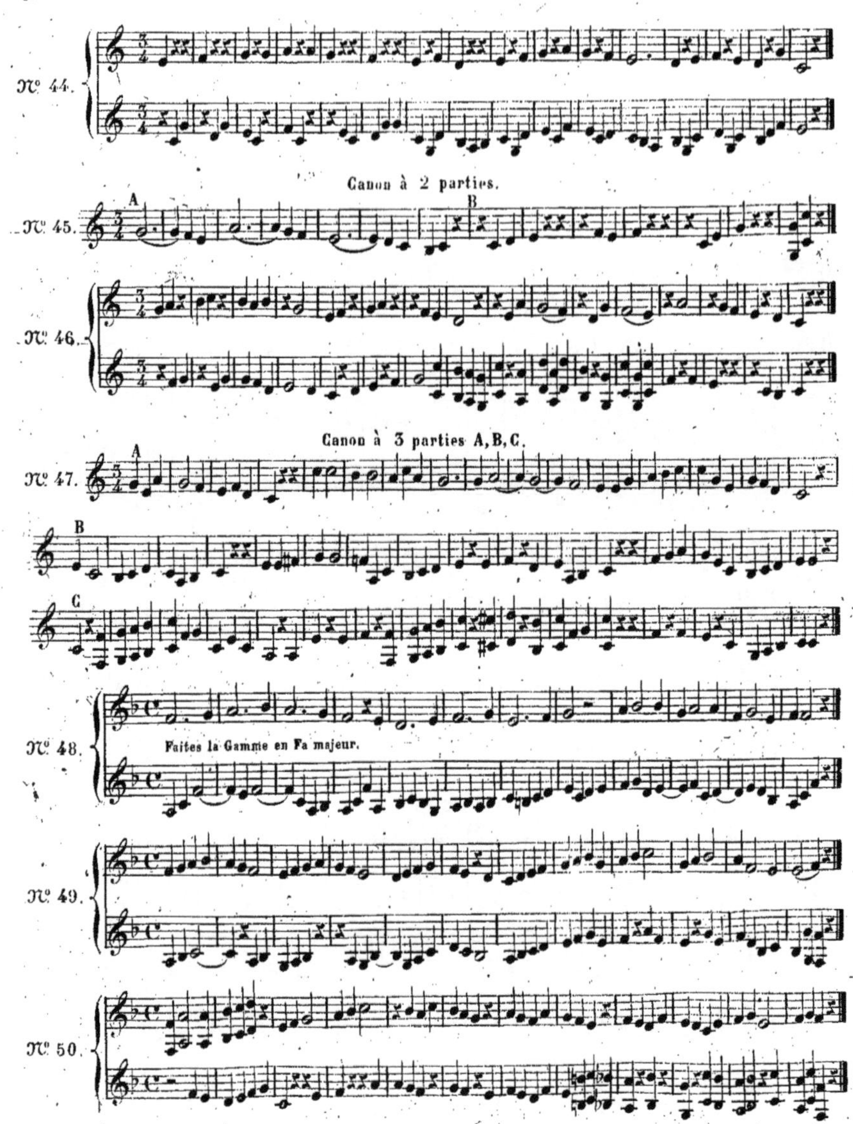
N.º 44.
Canon à 2 parties.
A
B
N.º 45.
N.º 46.
Canon à 3 parties A, B, C.
A
N.º 47.
B
C
N.º 48.
Faites la Gamme en Fa majeur.
N.º 49.
N.º 50.

NOTES ENHARMONIQUES.

Ou appelle ainsi le même son produit par deux notes différentes comme dans les leçons suivantes.

Nº 61.

Nº 62.

Nº 63.

Etudiez la Gamme d'Ut majeur, Mesure à $\frac{3}{8}$ une ♪ pour un Temps.

Nº 64.

Nº 65.

Nº 66.

Nº 67.

Nº 68.

Nº 69.

Nº 70.

N°. 71.
N°. 72.
N°. 73.
N°. 74.
N°. 75.
N°. 76.
N°. 77.
N°. 78.
D.C.

ETUDES DES CROCHES.

N° 84.
1ª
2ª
D.C.
1ª
2ª
D.C.
SUITE DES ETUDES SUR LES INTERVALLES.
Etudiez la Gamme de Ré Majeur.
N° 85.
N° 86.
C. D. 81.

N.º 87.
Faites jouer en Duo le Nº 87 avec le Nº 88.
N.º 88.
N.º 89.
A
B
N.º 90.
A
B
D.C.
N.º 91.
A
B
N.º 92.
A
B
N.º 93.
A
B
N.º 94.
A
B
N.º 95.
A
B
C.D. 81.

à deux Temps
Etudiez la Gamme de Mi mineur.
N.º 96.
A
B
N.º 97.
A
N.º 98.
A
B
EXERCICES sur les différentes articulations.
Un coup de langue par Mesure.
tu   tu   tu   Segue.
N.º 99.
tu   tu   tu   tu
N.º 100.
tu   tu   tu   tu tu
N.º 101.

N.º 102
tu tu tu   tu tu tu
N.º 103
tu   tu tu   tu
N.º 104
tu tu   tu tu
Autres EXERCICES sur les Articulations.
N.º 105
N.º 106
N.º 107
N.º 108

Nᵒ 109.
Nᵒ 110.
Faites la Gamme de Mi Mineur.
Nᵒ 111.
Faites la Gamme de La Mineur.
Nᵒ 112.
Faites la Gamme d'Ut Majeur.
Nᵒ 113.
Nᵒ 114.
Nᵒ 115.

20

Nᵒ 116.
Nᵒ 117.
Nᵒ 118.
Abréviations.
CANON.
Moderato.
Nᵒ 119.
D.C.
POUR OBSERVER LES NUANCES.
Martiale.
Nᵒ 120.
f
pp
C.D.81.

f pp f pp f
pp ff
Nᵒ 121.
p pp 
ff ff Crescendo ff
THÈME VARIÉ.
Moderato.
Nᵒ 122.
p

1ʳᵉ VARIATION.

Nᵒ 123.

Piu vivo.

2ᵐᵉ VARIATION.

Nᵒ 124.

N° 125.

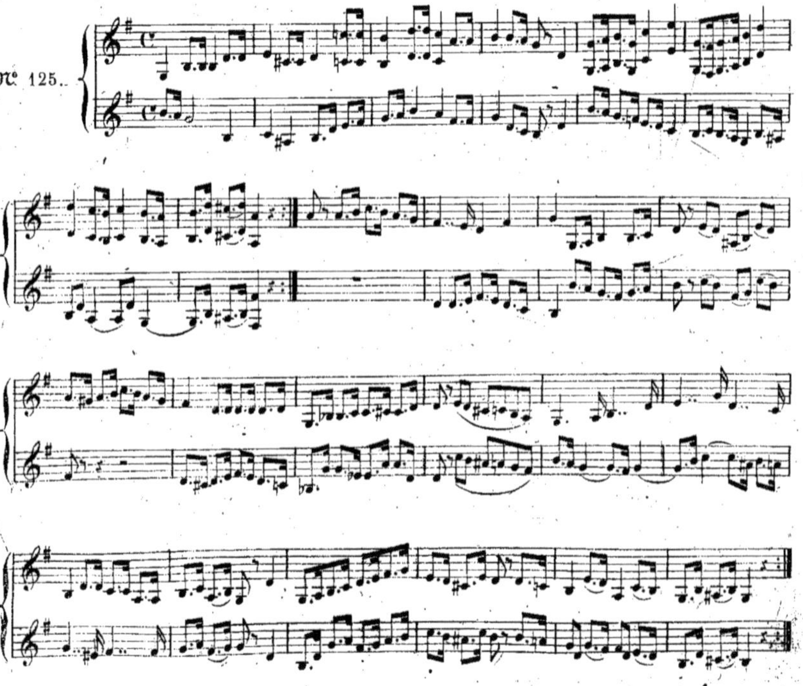

N.º 126.
Crescendo.
Cres.

No. 127.
f
pp
pp
f
pp
D.C.
pp
pp
f
D.C.
No. 128.
ad lib.
PP bien soutenu.
f
pp
f
pp

LEÇONS pour la Mesure à 3/4.

PASTORALE.

Quasi mouv.t de Valse.

Après avoir joué les trois leçons précédentes à 3 Temps et à un mouvement modéré, il faudrait, si faire se peut, les répéter dans le mouvement de valse, c'est-à-dire à un Temps: Dans la mesure à un Temps on ne frappe que le premier, le 2ᵉ et le 3ᵉ Temps restent sous entendus.

Moderato.
No. 132.
pp Cres - - - cen - do. ff pp
mf f rall. pp Cres -
cen - do. f
Moderato.
No. 133.
f
1ª
2ª ff
2ª pp
1ª
D.C.

Allegretto.
No. 134
No. 135
pp
sf
p
sf
p
sf
sf
p
f
p
f
p
f
p
pp
f
D.C.
C. D. 81.

Sur_la_Mesure a 6/8 (Mesure a 2. Temps). Voyez page   la manière de battre cette mesure.
Nº 136.
Nº 137.
Nº 138.
Nº 139.
Sur les Syncopes.
_ C. D. 81.

Nº 140.

Nº 141.

Nº 142.

Nº 143.

Mesure a 3 Temps 3/8 une ♪ pour un Temps.
N° 144.
CANON a
2 parties.
A
B
D.C.
N° 145.
idem.
A
Fin.
B
Fin.
D.C.
N° 146.
idem.
A B
N° 147.
idem.
A
B
Fin.
N° 148.
idem.
A
B
N° 149.
idem.
A
B
N° 150.
idem.
A
B
N° 151.
idem.
A

LEÇONS pour la Mesure à $\frac{6}{8}$ à 2 Temps et 3 croches pour un Temps.

Pour bien faire comprendre aux élèves la mesure à $\frac{6}{8}$, il faut faire jouer les quatre leçons suivantes à six temps, puis on les fera jouer plus vite et à deux temps.

La mesure à six temps se bat comme celle à deux temps, seulement on frappe toutes les croches, trois au premier, et trois au second. Exemple $\frac{4,5,6}{1,2,3}$.

Les mesures à six temps pour les $\frac{6}{8}$, à neuf temps pour $\frac{9}{8}$ et à douze temps pour les $\frac{12}{8}$, sont de toutes nécessités dans les mouvements lents tels que les **Largo**, **Adagio**, **Cantabile**, etc, etc.

34
N° 162.
p
f p f p f
Andante.
N° 163.
bien chantant.
rall.
N° 164.
f
p
C. D. 81.

EXERCICES sur les coups de Langue.

N.º 165.

N.º 166.

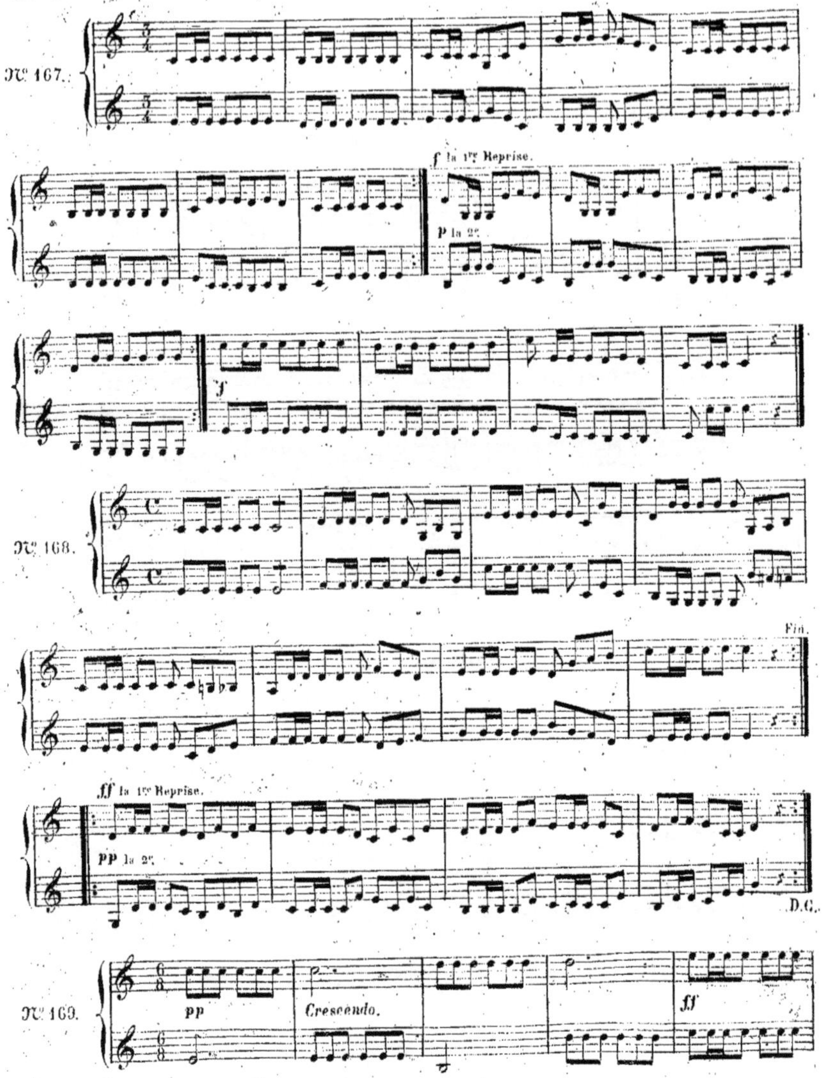

N.º 167.

N.º 168.

N.º 169.

Fin.
D.C.
D.C.
Nº 170
Fin.
D.C.
D.C.
Nº 171
Bolero.
Allegretto.
Fin.
D.C.
D.C.

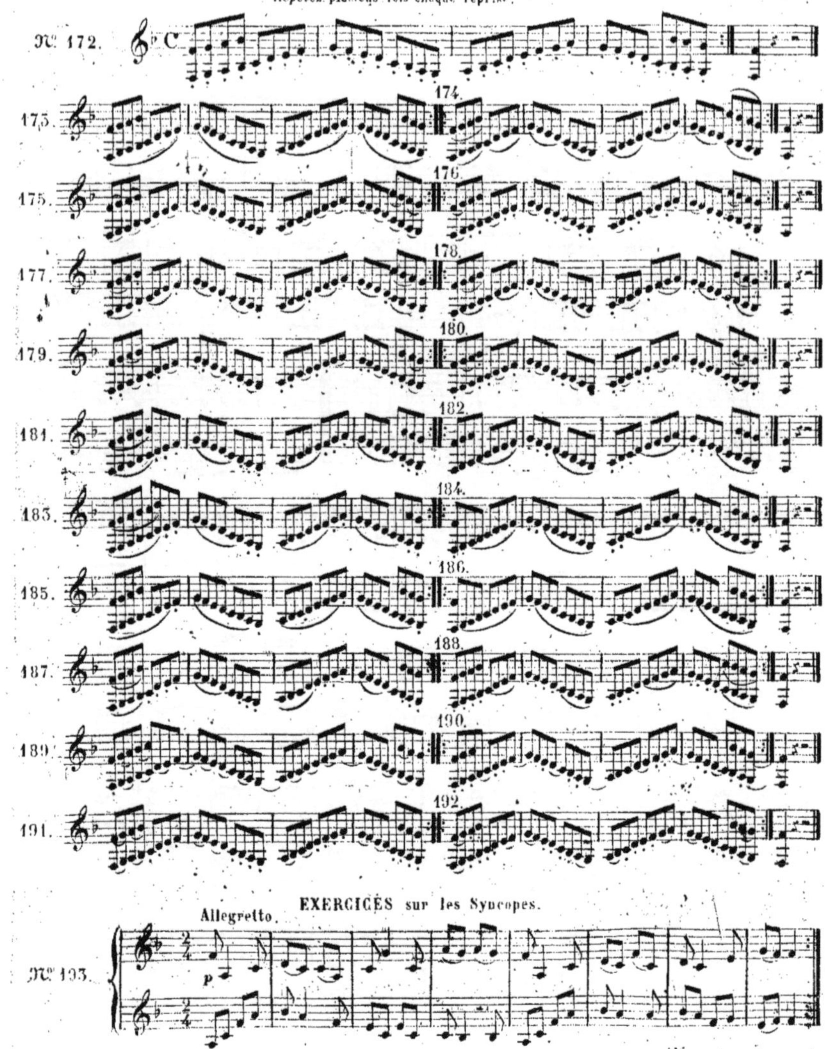

EXERCICES sur les coulés et les piqués.
Répétez plusieurs fois chaque reprise.
N° 172.
173.
174.
175.
176.
177.
178.
179.
180.
181.
182.
183.
184.
185.
186.
187.
188.
189.
190.
191.
192.
EXERCICES sur les Syncopes.
Allegretto.
N° 193.
p

f
D.C.
Diminuendo.
Mesure a 3/4
N° 194
f
D.C.
D.C.
N° 195
D.C.
C.D. 81.

Mesure a quatre temps.

No. 196.

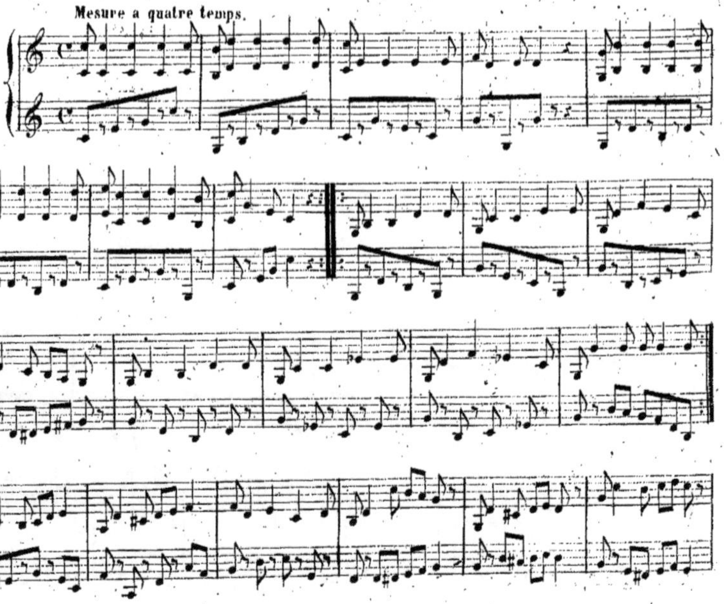

EXERCICES sur les contre temps.

No. 197.

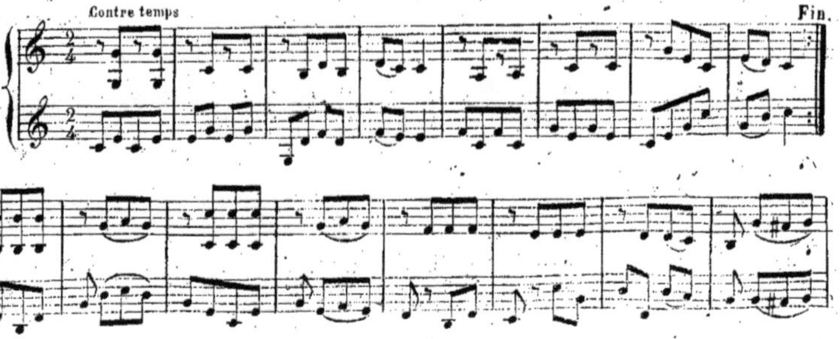

D.C.
D.C.

A trois quatre.

N° 198.

D.C.

A quatre temps.

N° 199.

Fin.

D.C.

C. D. 81.

A six huit.
No 200. 
Mouvt de Valse.
No 201.
C. D. 81.

Dimi -
-nuen -
do.
pp
THÈME VARIÉ.
Andantino.
Nº 202.
f
PP
f
1ʳᵉ VARIATION.
Nº 203.
p
f
p
C. D. 61.

Triolets.
Nº 204.
Mineur. Plus lent.
con tristessa.
Nº 205.
1ª
2ª
pp
C. D. 81.

Martiale
Nº 206.
f
p
pp

Andante expressivo.
N.º 207
Majeur.
Andante
N.º 208.
G. D. 84.

(1) Il ne faudra pas renverser cette Leçon, c'est à dire, faire jouer en DUO l'accompagnement par les aigus et le chant par les Basses.

EXERCICES SUR LA MESURE A $\frac{9}{8}$ (a 3 Temps, 3 croches pour un Temps.)

La mesure à $\frac{9}{8}$ se bat à 3 Temps ou à 9 temps: à 9 temps elle se bat comme à 3, seulement on frappe trois premiers, 3 seconds, 3 troisièmes temps.   EXEMPLE

49
Adagio.
con expressione.
rall.
N.º 212.
C. D. 81.

LEÇONS SUR LA MESURE A $\frac{12}{8}$ (à 4 Temps, 3 croches pour un Temps.)

La mesure à $\frac{12}{8}$ se bat à 4 temps où à 12 temps, à 12 temps elle se bat comme à quatre, en frappant 3 premiers, 3 seconds, 3 troisièmes, 3 quatrièmes temps.

ritenuto.
c. p. 81.

SIX TRIOS

Voyez au guide pour la manière de faire exécuter les trios.

N° 215.

Marche
Nᵒ 216.
f
f
f
mf
p
p
pp
pp
pp
p

54

AIR DE MOZART.

D.C.
MENUET D'ARMIDE.
(GLUCK)
Nº 219.
Cres.
C.D. 81.

ECHO ET NARCISSE

(GLUCK)

Andante Grazioso.

Nº 220.

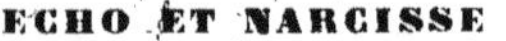

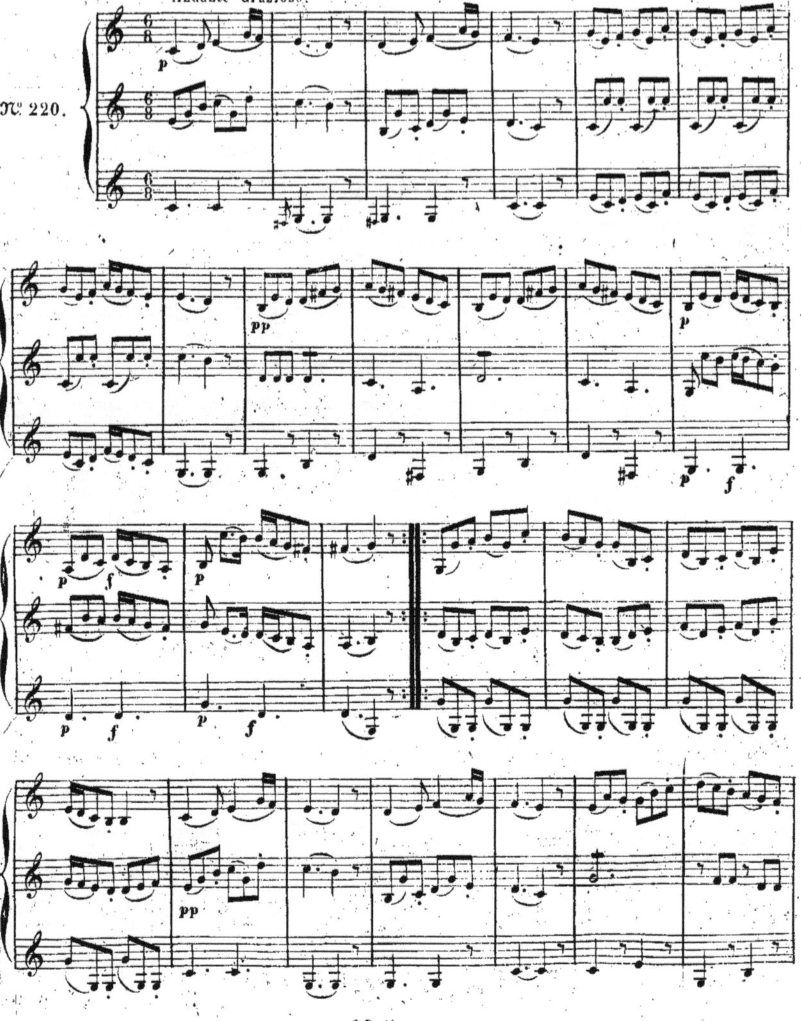

Marche.
p
p
D.C.
D.C.
G.D. 81.

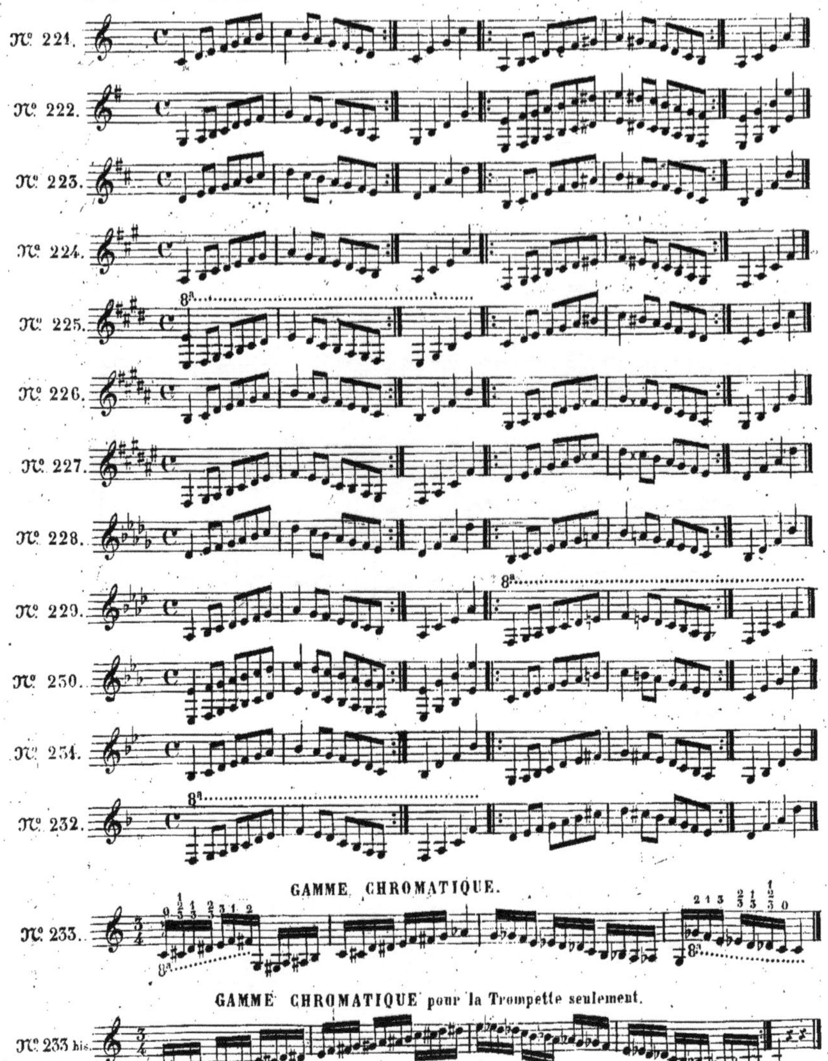
Les 24 GAMMES MAJEURES et MINEURES.
N.º 221.
N.º 222.
N.º 223.
N.º 224.
N.º 225.
N.º 226.
N.º 227.
N.º 228.
N.º 229.
N.º 230.
N.º 231.
N.º 232.
GAMME CHROMATIQUE.
N.º 233.
GAMME CHROMATIQUE pour la Trompette seulement.
N.º 233 bis.
C. D. 81.

EXEMPLES et LEÇONS sur les abréviations les plus usités en musique.

Nº 234.

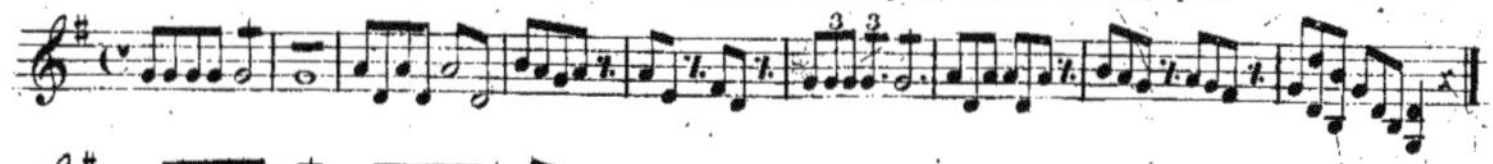

Nº 235.

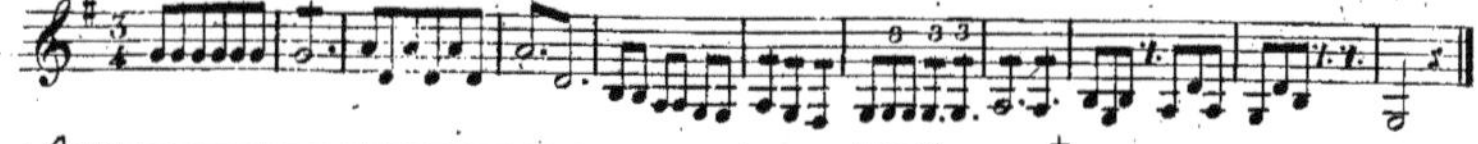

Nº 236.

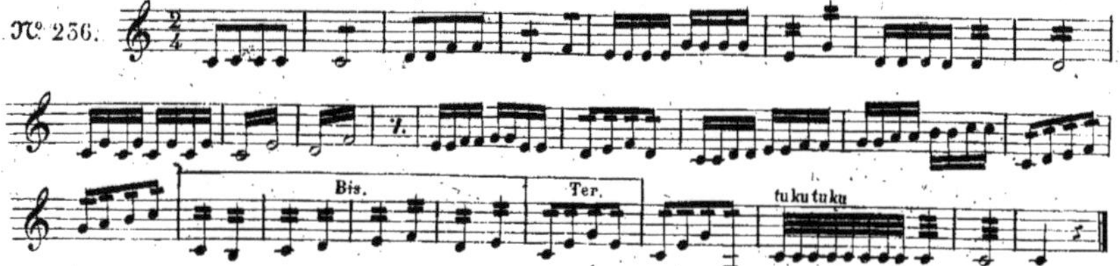

Nº 237.

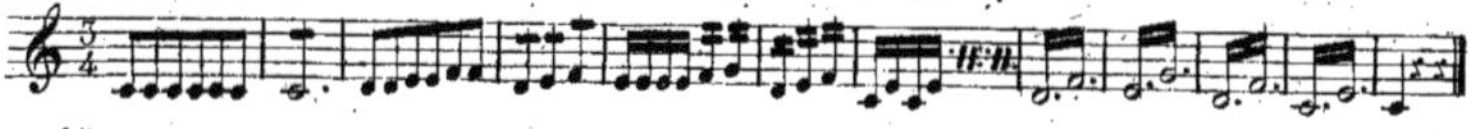

Nº 238.

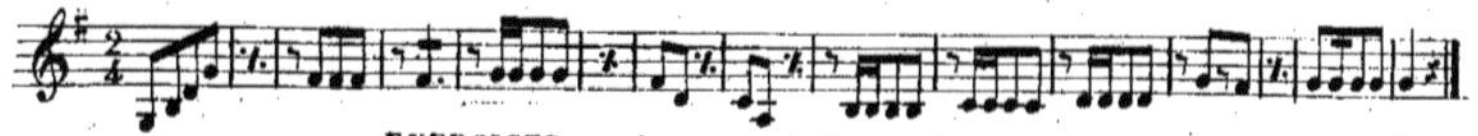

EXERCICES sur les coups de langue.

Nº 239.

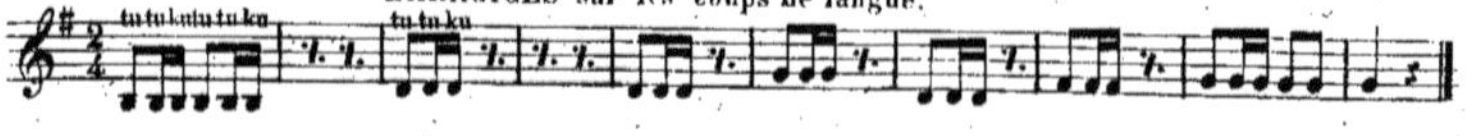

Nº 240.

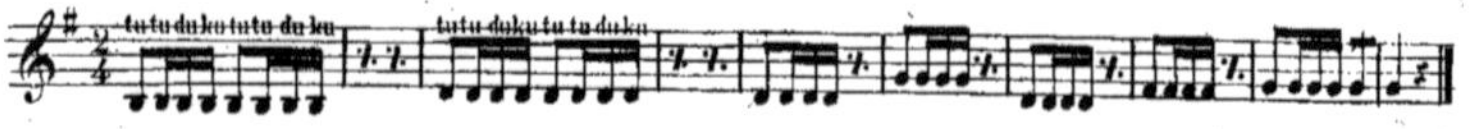

Nº 241.

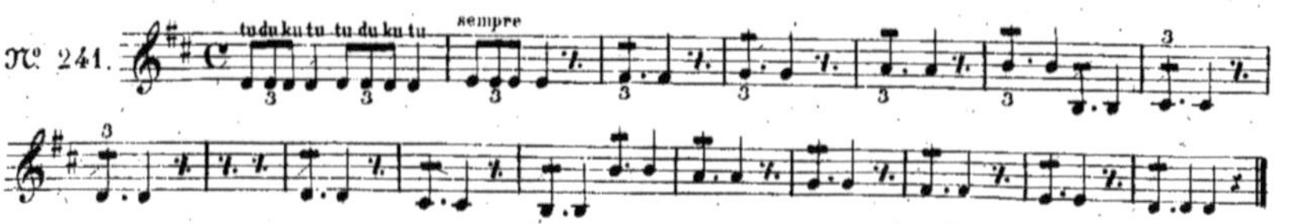

Il faut recommencer très souvent cet exercice Nº 3, d'abord très lentement, et peu à peu presser de manière à le jouer a deux temps et dans un mouvement vif.

Nº 242.

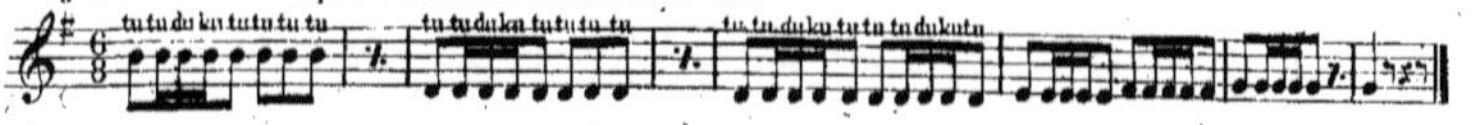

Nº 243.

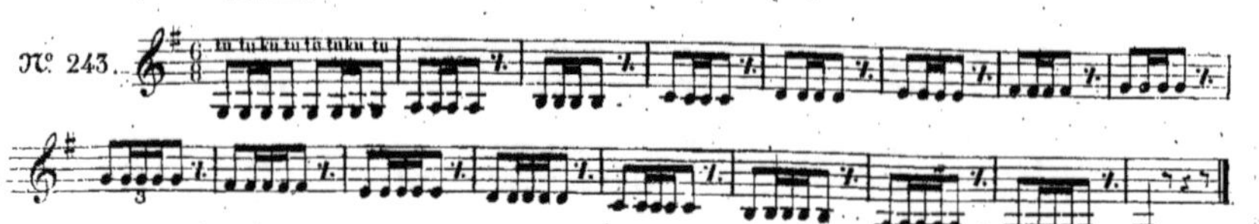

Nº 244.

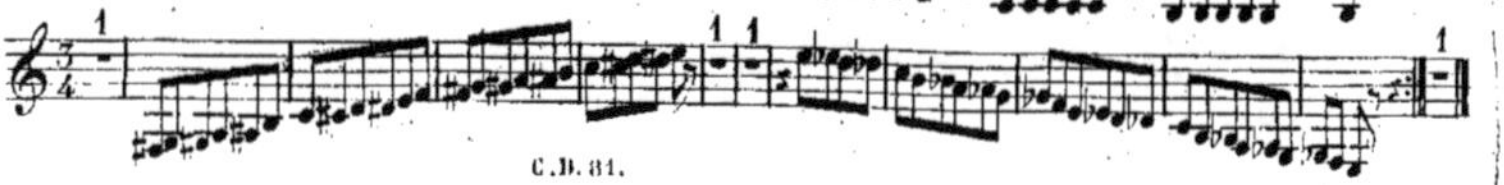

ETUDES des doubles croches en CANONS à deux parties A et B.

FIN de la MÉTHODE POLYPHONIQUE.   C.D. 81.